Koffi Ossey
Märchen aus Eweland

Koffi OSSEY wurde am 14. Juli 1972 als jüngstes von drei Geschwistern in Lomé (TOGO) geboren. Im Alter von 20 Jahren machte er das Abitur. 1997 erhielt er die Licence in Germanistik an der Universität seines Heimatlandes. Ausserdem ist er seit 2002 Inhaber eines Fachhochschulabschlusses im Internationalen Handel.
Schon als Kind interessierte sich Ossey für Märchen und Sprichwörter. Das Malen ist sein Lieblingshobby.
Mit der Zeit wurde seine Passion für die Märchen immer größer. Durch die »Märchen aus Eweland« lädt er Sie in seine wunderbare Märchenwelt ein ...

Koffi Ossey

Märchen aus Eweland

Rediroma-Verlag

Bibliografische Information der Deutschen Nationalbibliothek:
Die Deutsche Nationalbibliothek verzeichnet diese Publikation in der Deutschen Nationalbibliografie;
detaillierte bibliografische Daten sind im Internet über http://dnb.ddb.de abrufbar.

ISBN 978-3-86870-951-3

www.rediroma-verlag.de
9,95 Euro (D)

Vorwort

»Märchen aus Eweland« richten sich vor allem an deutsche Jugendliche sowie Erwachsene, die wahrscheinlich nicht viele über afrikanische Kulturen wissen.

»Eweland« bezeichnet hier die ethnische Gruppe der Ewes, die die Mehrheit der Bevölkerung von Togo bildet.

Das vorliegende Märchenbuch wird also den deutschen Lesern helfen, andere Märchenarten zu entdecken, und so ihre eigenen Kenntnisse anzureichern.

Wir wünschen Ihnen viel Vergnügen beim Lesen!

Inhaltsverzeichnis

Der böse König

Es war einmal ein sehr böser König in Eweland. Der König hiess AMEMELIO der Größte. Seine Beraterin war eine hässliche Hexe. Die Hexe hatte nicht einmal Haare auf dem Kopf. Sie war wirklich sehr grausam und ihr Name war NAGA.

Eines Tages befahl die Hexe dem König, eine Zauberschutzmauer rings um die Großstadt zu bauen. Denn AMEMELIO der Grösste hatte viele Feinde. Leider musste jeder Einwohner sein Blut für den Mauerbau geben. Der böse König war natürlich mit dem Projekt einverstanden.

So begann der Mauerbau sehr schnell: Kinder, Erwachsene sowie alte Leute durchkneteten Tonerde mit Dörnen und zerbrochenen Flaschen. Da die Einwohner viel bluteten, wurde die Tonerde allmählich blutnass. Und damit wurde die Schutzmauer gebaut. Es war ein Blutbad!

Der Mauerbau endete zehn Jahre später. Und NAGA gab einen anderen schrecklichen Befehl: »Die Babys, die in der Nacht weinen, müssen sterben!«
Die Einwohner konnten nicht mehr. Frauen wollten ihre Babys retten: Sie versuchten, ein großes Loch in die Mauer zu machen und dann mit ihren Kindern zu fliehen. Aber alles ohne Erfolg. Denn die Schutzmauer war ungefähr sechs Meter hoch und zwei Meter dick!
Die Zeit verging schnell. Die Zauberschutzmauer stand schon ein Jahr. AMEMELIO der Grösste musste der Mauer einen Namen geben. So stand der böse König vor dem Volk und sagte: »Heute ist ein großer Tag für das ganze Eweland! Unsere Schutzmauer gibt es schon ein Jahr! Ich nenne sie GAMESSU. Plötzlich hörte man ein starkes Erdbeben rings um die Großstadt. Die Zauberschutzmauer stürzte ein! Die Einwohner bekamen schreckliche Angst. Jeder verließ ohne Ordnung die Stadt in aller Eile.
So blieben der böse König und die hässliche Hexe alleine in der Stadt. Sie hatten keine Diener mehr und starben vor Hunger nach drei Tagen.

Die alte Bauerin

Das Dorf KRATIME lag südlich von Eweland. Dort lebte eine alte Bauerin, die »AFUA« hieß.

AFUA hatte einen Maniokacker, der sehr gut wuchs. Ganz nebenan lag ein anderer Acker, der einem Fetischanbeter gehörte. Der Mann hiess SUKU und war neidisch auf AFUA. Denn die alte Bauerin hatte wirklich den schönsten Maniokacker des Dorfes. SUKU drang oft in den Acker der Bauerin ein, um Maniok zu stehlen.

Eines Tages wurde der Fetischanbeter auf frischer Tat ertappt. AFUA ging zum Chef des Dorfes, um sich zu beklagen. SUKU wurde sofort bestraft: Er bekam nämlich vor aller Augen einhundert Schläge auf dem Hintern! Er konnte sich kaum setzen! Er schämte sich sehr, deswegen wollte er sich rächen.

In einer Nacht, fast um Mitternacht, ging SUKU in den Acker von AFUA. Bevor er den Acker betrat, legte er seine Schuhe sowie seinen Anzug an den Rand des Pfades.

Nachdem der Fetischanbeter einige Zauberworte in sich hineingebrummt hatte, verwandte er sich in ein schreckliches Wildschwein. Zuerst grub das wilde Tier die Maniokknollen aus. Dann zerstieß es sie mit seinen starken Kiefern. Im Acker machte das Wildschwein viele Schaden. Es zerstörte alles auf seinem Durchgang.

Am folgenden Tag, als AFUA ihren Maniokacker betrat, wurde sie ohnmächtig. Denn die Schaden waren beträchtlich.

Drei Tage später wurde den Maniokacker der armen Bauerin von neuem verwüstet. AFUA konnte nicht mehr. Schliesslich ging sie zum ältesten Jäger des Dorfes und erklärte ihm das Problem. Der Jäger wollte ihr sofort Hilfe leisten.

So ging der Jäger fortan nächtelang in den Maniokacker von AFUA, um die Plantage zu überwachen. Eines Nachts, als der Jäger sich dem Maniokacker näherte, hörte er laute Fusstritte: Das geheimnisvolle

Wildschwein war wieder da! Der Jäger erblickte schnell das wilde Tier und blieb stehen. Er durchlud sein Gewehr und schoss auf das Wildschwein. Plötzlich hörte man einen Mann schreien. Es war unglaublich, aber wahr! SUKU, den der Jäger schon im Dorf gut kannte, lag ganz nackt mitten im Maniokacker. Der Fetischanbeter blutete sehr. Er war am rechten Bein getroffen worden. Der Jäger verließ den verletzten Fetischanbeter in der Nacht und kehrte schnell nach Hause zurück. Er informierte das ganze Dorf über die Sache. Am frühen Morgen ging der Chef selbst in den Maniokacker und sah Herrn SUKU, der auf dem Boden ächzte. Er bekannte sich schuldig und bat die alte Bäuerin um Verzeihung.

Ende gut, alles gut! Der Chef des Dorfes entschied auf der Stelle, dass SUKU fortan den Maniokacker jedes Jahr für AFUA anbauen musste. So blieb die alte Bäuerin zu Hause ohne zu arbeiten und bekam immer ihr tägliches Brot durch die Arbeit von SUKU.

Ein sonderbarer Zweikampf

Das Dorf ETEKAME lag im Westen von Eweland. Dort lebte ein mutiger Bauer. Der Bauer hieß KALEA und arbeitete viel. Leider war KALEA ein großer Alkoholiker. Am liebsten trank er Palmwein.

Eines Abend, als KALEA vom Acker zurückkam, begegnete er einem kleinen Kind im Wald. Das Kind hatte sehr lange Haare, die sein Gesicht versteckten. Die Sonne war schon untergegangen und die Singvögel schwiegen. KALEA war betrunken wie gewöhnlich. Er sang sehr laut unterwegs und trug sogar einen Topf voller Palmwein auf dem Kopf.

Der Bauer war sehr erstaunt, als er das kleine Kind im Wald sah. Er stellte ihm Fragen: »He, Kleine! Wie heißt du? Was suchst du hier im Wald ? Wo sind deine Eltern?«

Aber das Kind antwortete nicht und blieb stumm wie ein Fisch inmitten des Pfades. KALEA fragte noch weiter: »He du! Willst du mir antworten oder Schläge bekommen?« Das Kleine sagte immer noch nichts. KALEA wurde wütend. Er drängte das Kind mit aller Gewalt. Und es fiel hin. Plötzlich richtete sich ein sehr starker Mann vor dem Bauern auf. Denn das kleine Kind verwandelte sich in einen Riesen!

Armer KALEA! Das Kind war kein Mensch, sondern ein Waldmännchen! Da das Waldmännchen auch gern Palmwein trank, sprang es auf den Bauern und nahm den Weintopf. Es trank den Palmwein in einem Zuge! Dann leckte sich der Riese die Lippen ab. Er gähnte so laut, dass die Bäume in der Umgebung bebten. Vögel bekamen schreckliche Angst und flogen in aller Eile weg. KALEA hatte ein treues Hundchen, das mit ihm überall ging. Es hiess »SOPIPI«. Aber vor dieser großen Gefahr konnte SOPIPI leider nicht lange warten. Es verliess seinen Herrn und verschwand sofort im dunklen Wald.

KALEA verstand schnell, dass er sich mit allen Mitteln verteidigen musste. Er griff den Riesen brutal mit seinem Zauberdolch an. Der Riese wurde am rechten Arm verletzt und fiel schwer hin. KALEA machte Rückschritte und hielt das Waldmännchen fern. Der Riese wurde sehr zornig. Mit einem starken Faustschlag schickte er den Bauern auf den Boden! KALEA stand wieder auf und schlug schnell zurück. Es war ja ein erbarmungsloser Zweikampf. Der Bauer war wirklich ein Schlägertyp. Denn trotz seiner körperlichen Wunden hielt er dem Riesen stand. Die beiden hieben mit starken Faustschlägen aufeinander ein.

Aber endlich konnte der mutige Bauer nicht mehr. KALEA wurde ganz kraftlos und brach zusammen. Der Riese war wirklich stärker als er.

Plötzlich hörte man schreckliches Heulen in der Ferne, das wie der Donner erschallte. SOPIPI war mit einer Horde von bösen Hunden zurück, um seinen Herrn zu retten! Der Riese wurde total verwirrt und verschwand sofort.

So hatte SOPIPI dem Bauern das Leben gerettet. Und seit diesem Tag trank KALEA keinen Alkohol mehr.

Die schöne ESSI

Es war einmal ein schönes Mädchen in Eweland, das ESSI hieß. ESSI war so schön wie die Sterne im Himmel. Ihre Schönheit war einfach unvergleichlich. Alle Jungen des Dorfes kannten sie und sprachen tagelang von ihr.

Leider war ESSI eine ehrgeizige und arrogante Person. Sie wollte nur einen reichen Mann heiraten. Die Jahre vergingen. Aber ESSI war noch immer ledig, weil die Männer des Dorfes arm waren.

Eines Tages ging ESSI in den Wald, um Brennholz zu sammeln. Dort begegnete sie einem schönen und eleganten Mann, der ihr den Hof machte. Der Mann war so reizend, dass ESSI sich schnell in ihn verliebte. Es war Liebe auf den ersten Blick! Auf der Stelle sprachen die beiden von Heirat. Der Mann erklärte ESSI, dass er ein Prinz war. Dann schenkte er dem schönen Mädchen einen Schmuckring aus Gold. ESSI war überglücklich und trug sofort den Ring. Plötzlich verschwand sie mit dem fremden Mann. Dann erwachte ESSI in der Öffnung eines grossen Baumes im Wald.

Zu spät! ESSI wusste nicht, dass der elegante Mann ein Waldmännchen war! Sie wurde ohnmächtig, als sie das Waldmännchen sah. Es war ein kleiner Mensch mit einem großen Kopf. Aber sein Gesicht wurde durch lange Haare versteckt.

ESSI wurde ganz hoffnungslos. Sie hatte keine Chance zu fliehen. Denn sie wurde vom Waldmännchen mit einem Seil gefesselt. Das Waldmännchen brachte ihr jeden Tag reife Bananen und Orangen.

Eines Tages, als das Waldmännchen abwesend war, jammerte und weinte ESSI. Ein junger Jäger des Dorfes, der gerade neben den großen Baum vorbeiging, hörte das Geschrei des Mädchens. Der Jäger drang schnell in die Öffnung des Baumes ein und versuchte, das schöne Mädchen zu retten.
Er bemerkte, dass ESSI einen verdächtigen Schmuckring am Finger trug. Der Jäger zog ihr den Ring ab. Plötzlich verschwanden die beiden und befanden sich gleich darauf im Dorf. Gott sei Dank! Die schöne ESSI wurde gerettet. Endlich heiratete der junge Jäger das schöne Mädchen. Und danach hatten sie viele Kinder.

Tamtamspiel um Mitternacht

Ein netter Jäger hiess KOFFIGAN und lebte in einem kleinen Dorf von Eweland. Er war immer hilfsbereit, und die Dorfbewohner mochten ihn sehr. Jeder bekam immer Wildfleisch, wenn der Jäger KOFFIGAN von der Jagd zurückkehrte.

Eines Nachts, als KOFFIGAN auf der Jagd war, hörte er ein Tamtamspiel in der Ferne. Dies war sehr erstaunlich, weil der Jäger sich mitten im Wald befand. Als er sich dem Ort näherte, wurde das Tamtamspiel immer lauter. KOFFIGAN hörte sogar ungewöhnliches Knurren!

Endlich kam der Jäger am Ort der Szene an. Es war bei Mondschein. Das Tamtamspiel ging weiter. Aber KOFFIGAN konnte die geheimnisvolle Szene nicht direkt anschauen. Denn große Bäume verdeckten ihm die Sicht. So entschied der Jäger, auf einen Baum zu steigen. KOFFIGAN traute seinen Augen nicht! Es waren Affen, die um Mitternacht feierten! Das war unglaublich, aber wahr!

So blieb Koffigan mit offenem Mund vor dem Affentanz stehen. Wildtiere wie Eulen, Hasen, Wildschweine, Eichhörnchen, usw … waren auch da als Zuschauer. Die Affen tänzelten im Gänsemarsch und stießen Schreie aus. Der Wald wurde immer belebter. Und schon kamen wichtige Gäste an: Nashörnee, Elefanten, Büffel und sogar der Waldkönig, der Löwe. KOFFIGAN bekam eine schreckliche Angst. Denn er war der einzige Mensch inmitten dieser Wildtiere. Unverzüglich nahm er sein Gewehr und schoss in die Luft. Die Wildtiere waren verwirrt und liefen ohne Ordnung in alle Richtungen. Plötzlich wurde die Natur wieder still. KOFFIGAN konnte dann vom Baum hinuntersteigen.

Aber eine große Überraschung wartete auf den Jäger: Auf dem Tanzplatz fand er einen kleinen Tontopf voller Gold. Na so was! Das Gold wurde von den Affen zurückgelassen. KOFFIGAN war schweißgebadet. Er nahm sofort den Goldtopf und machte sich auf den Weg nach Hause.
Am frühen Morgen kam der Jäger im Dorf an. Aber leider konnte KOFFIGAN nicht mehr sprechen. Er blieb zwei Wochen stumm! Die Dorfbewohner hatten große Angst und waren traurig.
Schliesslich konnte der nette Jäger wieder sprechen. Es war ja ein großes Fest im Dorf. So erzählte KOFFIGAN den Leuten die ganze Geschichte. Und den Armen schenkte er das Gold.

Zwei untrennbare Freunde

Der Hase ALEKE und der Skorpion »AKEKLE« waren untrennbare Freunde. Die beiden gingen immer zusammen wie Zwillinge umher und teilten dieselbe Unterkunft. Die zwei Freunde versprachen sogar einander, dass nur der Tod sie trennen würde!

Eines Tages wollte ALEKE seine Schwiegermutter besuchen. Sein bester Freund AKEKLE durfte natürlich auch mitgehen. Am frühen Morgen machten sich die Freunde auf den Weg. Die Sonne ging soeben auf und Singvögel flogen hin und her. Unterwegs erzählte ALEKE seinem besten Freund, wie schön seine Braut war. Aber AKEKLE wurde schnell neidisch auf ALEKE, ohne ihm seine Gefühle zu zeigen. AKEKLE dachte sogar, dass sein bester Freund sich über ihn lustig machte. Denn der Skorpion hatte keine Gattin und wurde immer von Frauen gehasst.

Der Weg war sehr lang. So wurde AKEKLE ganz müde und kraftlos. ALEKE half selbstverständlich seinem Freund: Der Hase reichte dem Skorpion sein langes Ohr. AKEKLE trat darin ein, und dann konnten die beiden ihren Weg ruhig weitergehen.

Am Abend kamen die zwei Freunde endlich an. ALEKE wurde von seinen Schwiegereltern herzlich begrüßt. Seine Braut brachte ihm sofort kühles Wasser zu trinken. Inzwischen war AKEKLE ungeduldig, die künftige Frau von seinem besten Freund zu sehen. Er hob ein bisschen seinen Kopf aus dem langen Ohr des Hasen und sah, dass das Mädchen wirklich hübsch war.

Nachdem der Hase das Wasser getrunken hatte, hörte er plötzlich einen Befehl in seinem Ohr: »Jetzt sage deiner Schwiegermutter, dass du Palmwein trinken willst!« ALEKE war ganz verwirrt. Denn er trank keinen Alkohol und wollte nicht davon sprechen. Aber der Skorpion AKEKLE drohte ihm nun mit folgenden Worten: »Tue, was ich dir sage, sonst steche ich dir das Trommelfell mit meinem giftigen Stachel!« ALEKE verstand schnell, dass sein Leben in Gefahr war. So verlangte er sofort von seiner Schwiegermutter den Palmwein. Man holte ihm den Palmwein. Kaum trank er einen Schluck, da ertönte gleich ein anderer Befehl in seinem Ohr: »Für dein Abendessen musst du von deiner Schwiegermutter Hähnchenbraten verlangen!«

ALEKE wollte seine Schwiegermutter nicht mehr stören. So sprach er mit leiser Stimme zu seinem Freund AKEKLE: »Was fällt dir ein?«

Da bedrohte der Skorpion wieder den Hasen: »Tue, was ich dir sage, wenn nicht, steche ich dich!«

Unverzüglich verlangte ALEKE den Hähnchenbraten. Die Schwiegermutter war ein bisschen erstaunt. Trotzdem bereitete sie den Hähnchenbraten zu. Kaum begann der Hase zu essen, da rief AKEKLE von neuem: »Es wird schon Nacht. Sage deiner Schwiegermutter, dass du jetzt ins Bett gehen willst!«

ALEKE hatte einen wahren Bärenhunger. Denn die Reise war so anstrengend! Leider musste er den Braten lassen, weil sein Freund AKEKLE ihn stets bedrohte.

Die Schwiegermutter wurde immer mehr unruhiger, als ALEKE schon schlafen gehen wollte. Trotzdem machte sie ihm das Bett. Kaum legte sich der Hase hin, da hörte er wieder folgende Worte in seinem langen Ohr: »Das Zimmer ist zu dunkel! Sage deiner Schwiegermutter, dass sie sich auch neben dich hinlegen soll!«

Armer ALEKE! Der Hase konnte nicht mehr und bekam eine Gänsehaut. Er begann sogar zu stammeln. Denn das war wirklich die Höhe! So etwas war unmöglich zu sagen! Aber die Drohungen des Skorpions wurden so unerträglich, dass der Hase endlich seine Schwiegermutter einlud, sich neben ihn hinzulegen.

Nun hatte die Schwiegermutter wirklich genug von ihrem Schwiegersohn ALEKE. Sie ging sofort zu ihrem Mann und erzählte ihm alles, was ALEKE ihr gesagt hatte. Der Mann machte seinem Zorn Luft. Er holte einen dicken Stock, um den Kopf seines Schwiegersohnes zu brechen! ALEKE schämte sich zu Tode und ergriff schnell die Flucht. Die ganze Schwiegerfamilie wurde zornig auf ALEKE. Der Schwiegervater sowie seine Söhne verfolgten rasch den Hasen mit langen und dicken Stöcken. ALEKE lief mit aller Kraft. Aber schließlich wurde er müde. So blieb er stehen und versteckte sich hinter einem Busch. Kaum wollte er sich ein bisschen ausruhen, da hörte er schon wieder einen Befehl in seinem Ohr: »Schreie laut *Hier bin ich!*, damit dein Schwiegervater dich schnell wieder finden kann.«

Der Hase hatte so Angst vor dem Stachel des Skorpions, dass er spontan schrie: »Hier bin ich!«

Der Schwiegervater sowie seine Kinder erblickten den Hasen und verfolgten ihn von neuem. ALEKE ging aus seinem Versteck heraus und lief aus Leibeskräften weg. Der Hase wurde schon wieder müde und versteckte sich noch einmal. Kaum wollte er sich ein bisschen ausruhen, da hörte er schon den Befehl in seinem Ohr: »Nein! Du darfst dich nicht ausruhen! Schreie wieder *Hier bin ich!*, damit dein Schwiegervater dich erblicken kann.«

ALEKE war total kraftlos. Er fiel schwer hin und tat, als ob er tot wäre. Der Skorpion rief mehrmals seinen Freund. Aber der Hase blieb stumm und leblos. So ging AKEKLE von dem langen Ohr seines Freundes heraus. Plötzlich stand der Hase auf, nahm einen grossen Stein, um damit seinen besten Freund zu zerdrücken. AKEKLE bat ALEKE um Verzeihung und gestand, dass er aus Eifersucht gehandelt hatte. Aber der Hase war sehr wütend und wollte nichts wissen. Er wollte sich auf jeden Preis an seinem besten Freund rächen!

In dem Moment, in dem der Hase den Stein fallen lassen wollte, rief der Skorpion mit einer wehleidigen Stimme aus: »ALEKE, du bist mein bester Freund! Erinnere dich an das Versprechen, das wir uns einander gegeben haben. Wir sind untrennbare Freunde bis zum Tode!«

Nach diesen Worten von AKEKLE wurde ALEKE schwächer. Er weinte sogar und verzichtete darauf, seinen besten Freund ums Leben zu bringen. So gingen die beiden mit hängendem Kopf nach Hause zurück.

Der Ziegendieb

Eine alte Löwin hatte eine Kleintierzucht. Sie züchtete nämlich drei Ziegen, die sie jeden Tag gut fütterte.

Eines Tages bemerkte die Löwin, dass eine Ziege in der Einfriedung fehlte. So suchte sie überall die Ziege, aber ohne Erfolg. Am folgenden Tag verschwand eine zweite Ziege. Die Löwin wurde sehr zornig. Sie ging sofort zu ihrem Schwiegersohn und erklärte ihm das Problem. Der Löwe wollte selbstverständlich seiner Schwiegermutter Hilfe leisten.

In der Nacht ging der Löwe zu seiner Schwiegermutter. Zuerst brachte er die dritte Ziege in eine andere Stelle. Dann kam er in die Einfriedung zurück und legte sich auf den Bauch in die Ecke, wo die Ziegen gewöhnlich schliefen. Der Löwe lauerte während einer langen Zeit und begann schon zu dösen.

Kaum schlief der Löwe ein, da hörte man plötzlich leise Fusstritte, die sich der Einfriedung näherten. In der stockfinsteren Nacht erblickte man gleich darauf lange Ohren. Na so was! Es war also der Hase, der die Ziegen stahl!

Unverzüglich trat der Ziegendieb mit einem langen Seil in die Einfriedung ein. Dann ging der Hase wie gewöhnlich an die Ecke und band das Seil am Hals seiner Beute fest. Aber der Hase wusste noch nicht, dass er es mit einem Löwen zu tun hatte! Denn es war ganz dunkel innerhalb der Einfriedung. Der Ziegendieb zog sofort am Seil und ging mit seiner Beute weg.

Das war aber sehr erstaunlich, dass der Löwe dem Hasen in der Nacht folgte, ohne Widerstand zu leisten. Plötzlich sah es nach Regen aus. Kaum drehte sich der Hase um, da blitzte es gleich darauf. Der Ziegendieb bekam schreckliche Angst, als er durch den Blitz das scheußliche Gesicht des Löwen sah. Aber der schlaue Hase verlor den Kopf nicht. Er raffte sich schnell auf und ging seinen Weg ruhig weiter, als ob nichts gewesen wäre.

Das Wetter wurde immer stürmischer. Es blitzte und donnerte noch einmal. Im gleichen Augenblick erblickte der Hase eine alte Jägerhütte in der Ferne. Der mutige Ziegendieb drehte sich wieder um und sagte dem Löwen: »Mein lieber Bruder, es wird gleich regnen! Bitte, könnten wir uns schnell in der Hütte dort drüben unterstellen?«

»Wie du willst, ich habe es nicht eilig.« So antwortete der Löwe dem Hasen.

Als die beiden die Jägerhütte betraten, begann es schon zu regnen. In der Hütte roch es nach frischem Wildfleisch. Der Löwe konnte nicht lange warten und sprang auf das Fleisch, das an der Wand hing. Nachdem der Löwe es gefressen hatte, legte er sich auf den Bauch und schlief gleich darauf ein. In dieser Zeit stand der Hase in einer Ecke der Hütte und war in Gedanken versunken. Er hatte wirklich keine Chance zu fliehen, da der Löwe sich eng vor dem Eingang der Hütte hingelegt hatte.

Kaum hörte der Regen auf, da betrat jemand die Hütte. Na so was! Die alte Hütte gehörte also einem Jäger, der gerade mit leerer Jagdtasche zurückkam. Der Jäger wurde sehr wütend, als er bemerkte, dass der Löwe sein Fleisch gegessen hatte. So richtete er sein Gewehr auf das Raubtier, um es zu erschießen.

Endlich fand der schlaue Hase die Gelegenheit, um sich aus der Klemme zu befreien. Er ging sofort aus seiner Ecke und rief: »Lieber Jäger, der Löwe, den du dort siehst, ist ein echter Ziegendieb! Denn er hat mir schon zwei Ziegen gestohlen und sie gefressen! Die einzige Ziege, die mir bleibt, hat er mir heute Abend weggenommen. Ich habe ihn endlich verhaftet und führte ihn gerade zum Dorfchef, als es zu regnen begann. So stellten wir uns hier in deiner Hütte unter. Lieber Jäger, jetzt möchte ich dir etwas Interessantes vorschlagen. Bitte schieß nicht auf den Löwen! Er muss dir unbedingt die Stelle zeigen, wo er die dritte Ziege versteckt. Dann bekommst du natürlich das Tier als Entschädigung.

Der Vorschlag des Hasen gefiel dem Jäger sehr. So machte er sich mit dem Löwen sofort auf den Weg und suchte die dritte Ziege. Und der schlaue Hase konnte auch ruhig nach Hause zurückgehen.

Ein unerwartetes Glück

Es war einmal ein junger Jäger, der in einem kleinen Dorf Ewelands lebte. Er hiess MESSENU und war noch ledig. MESSENU hatte nur einen Traum: ein großer Jäger zu werden!

Eines Abends, als der junge Jäger einen Hasen im Wald verfolgte, hörte er schreckliches Heulen in der Ferne. MESSENU blieb plötzlich stehen und ließ den Hasen fliehen. Er drehte sich rasch um und spitzte die Ohren. Die Heulen wurden immer lauter.

MESSENU verstand schließlich, dass ein Raubtier in Schwierigkeit war. Er beeilte sich und erblickte schnell einen Löwen, der in einem Busch lag. Der junge Jäger näherte vorsichtig dem Raubtier. Er hatte Angst ...

Na, so was! Der Löwe war in eine Falle geraten: Ein großer Dorn steckte in seinem Schenkel. Der Löwe bat inständig den jungen Jäger, ihn zu retten. MESSENU bemitleidete den Löwen. Der mutige Jäger nahm sofort seinen Dolch, kniente sich neben das verletzte Raubtier und zog ihm den Dorn aus dem Schenkel heraus. Dann stand MESSENU schnell auf, ging in den Wald, um Heilplanzen zu holen.

Er pflückte die Heilpflanzen und lief zum verletzten Löwen zurück. Sofort nach Anwendung des Heilsmittels blutete der Löwe nicht mehr. Das Raubtier schlief sogar tief ein. Aber der junge Jäger blieb bei ihm und gab acht auf ihn die ganze Nacht bis zum nächsten Morgen.

Kaum wachte der Löwe auf, da reichte ihm schon MESSENU frisches Wildfleisch. Denn der junge Jäger schlachtete soeben zwei fette »Agutis« im Wald.

Der Löwe fraß das Fleisch mit großem Appetit. Danach wandte er sich an den jungen Jäger und sagte: »Vergiss niemals, dass ich der Waldkönig bin!«

Nach diesen Worten schlief der Löwe sogleich wieder ein. MESSENU bekam schreckliche Angst. Er versuchte die wirklichen Absichten des Löwens zu verstehen, aber alles ohne Erfolg.

Der junge Jäger wurde immer unruhiger. Plötzlich sprang ein Eichhörnchen aus einem Bäumchen und sagte ihm: »Habe keine Angst! Der Löwe will dich für deine große Hilfe belohnen! Aber zuallererst sollst du selbst deinen Wunsch ausdrücken. Der Löwe ist besonders hochmütig und lässt sich gern wie ein König bitten!«

Das Eichhörnchen verschwand so schnell, wie es erschienen war. MESSENU war ganz überrascht! Nun waren seine Befürchtungen verflogen. Inzwischen schlief noch immer der Waldkönig. Der junge Jäger hatte einen Plan: Er ging von neuem auf die Jagd und kam diesmal mit einem fleischigen Wildschwein zurück.

Der Löwe wachte eben auf und sprang unmittelbar auf das Wild. Denn er war schon gesund.

Kaum beendete der Löwe das appetitliche Gericht, da stellte ihm der junge Jäger seinen Antrag: »Ich möchte Ihnen meine ganze Beachtung beweisen, weil Sie der Waldkönig sind. Bitte, bitte, Waldkönig, wollen Sie mir helfen, ein grosser Jäger zu werden?«

Im gleichen Augenblick brüllte der Löwe und antwortete: »Ein großer Jäger zu werden ist ganz einfach für dich! Jedesmal, bevor du die Jagd beginnst, sprichst du dreimal folgendes Wort aus: WUDALEHEHE, WUDALEHEHE, WUDALEHEHE! Danach kommt sofort das Wildtier selbst zu dir, das du mühelos schlachten kannst. Aber vergiss niemals, dass das Wort ein Geheimnis bleiben muss!«

Nach diesen Worten sprang der Löwe auf und verschwand im Wald. Seit diesem Tag war MESSENU der grösste und berühmteste Jäger in ganz Eweland geworden ...

Wörterverzeichnis

- das Waldmännchen: ein Geist, der afrikanische Wälder bewohnt.
- der Manioc: eine Wurzelknolle, die in Südamerika und Afrika wächst.
- der Palmwein: ein alkoholisches Getränk aus Afrika.